RÉGLEMENT
POUR
LES ENFANS
QUI FRÉQUENTENT
LES ÉCOLES CHRÉTIENNES,

DERNIÈRE ÉDITION,

Corrigée et augmentée de sentences
et de Prières.

DIJON,
IMPRIMERIE DE NOELLAT.

1828.

IL EST MORT POUR NOS PÉCHÉS!!

ALPHABET.

A B C D E
F G H I J K L
M N O P Q R
S T U V X Y Z.
Æ OE W.

---

a b c d e f g h i
j k l m n o p q
r s t u v x y z.

LETTRES DOUBLES.

æ œ ff fi ffi fl ffl.

VOYELLES.

a e i o u *et* y.

LETTRES ACCENTUÉES.

Accent aigu : é.
Accent grave : à è ù.
Acc. circonflexe : â ê î ô û.
Tréma : ë ï ü.

SYLLABES.

ba be bi bo bu
ca ce ci co cu
da de di do du
fa fe fi fo fu
ga ge gi go gu

la le li lo lu
ma me mi mo mu
na ne ni no nu
pa pe pi po pu
qua que qui quo
ra re ri ro ru
sa se si so su
ta te ti to tu
va ve vi vo vu
xa xe xi xo xu
za ze zi zo zu

ab eb ib ob ub
ac ec ic oc uc
ad ed id od ud
af ef if of uf
ag eg ig og ug
al el il ol ul
abs ebs ibs obs
als els ils ols uls
bab beb bib bob
dad ded did dod
lal lel lil lol lul

pap pep pip pop
rar rer rir ror rur
sas ses sis sos sus
vas ves vis vos vus.
Pa-pa, ma-man, fan-fan, che-val, mal-heu-reu-se.
Jou-jou, tou-tou, mi-mi, pe-tit, si-rop, gâ-teau, jar-din, rai-sin, ro-se

a-bri-cot, poi-re,
ce-ri-se, pi-er-re,
Cé-ci-le, Xa-vi-er,
roy-au-me, pois,
pom-me, Di-eu
soit lou-é.

RÈGLEMENT.

1. Re-tour-nez de l'É-co-le à la mai-son sans vous ar-rê-ter par les ru-es, mo-des-te-ment, c'est-à-di-re, sans cri-er, ni of-fen-ser per-son-ne. Au con-trai-re, si l'on vous in-ju-rie et of-fen-se, en-du-rez-le pour l'a-mour de No-tre-Sei-gneur, et di-tes en vous-mê-me : *Di-eu vous don-ne la grâ-ce de vous re-pen-tir de vo-tre fau-te et vous par-*

don-ne com-me je vous par-don-ne.

2. Gar-dez-vous bi-en de ju-rer, de blas-phê-mer, ni de di-re des pa-ro-les sa-les et vi-lai-nes, ni de fai-re au-cu-ne ac-ti-on dés-hon-nê-te.

3. Quand vous pas-sez de-vant quel-que Croix, ou quel-qu'I-ma-ge de No-tre Sei-gneur, de No-tre-Da-me, ou des Saints, fai-tes u-ne in-cli-na-ti-on, le-vant le cha-peau, ou au-tre-ment.

4. Quand vous ren-con-tre-rez quel-que per-son-ne de vo-tre con-nais-san-ce, sa-lu-ez-la le pre-mi-er, par-ce que c'est u-ne ac-ti-on d'hon-nê-te-té.

5. Sa-lu-ez les per-son-nes que vous ren-con-tre-rez, se-lon la cou-tu-me du li-eu, et se-lon l'ins-truc-ti-on qu'on vous au-ra don-née.

6. Quand vous en-tre-rez chez vous ou en quel-qu-au-tre mai-son, fai-tes u-ne in-cli-na-ti-on, sa-lu-ant ceux

que vous y trou-ve-rez.

7. Quand vous com-men-ce-rez quel-que ou-vra-ge, ou quel-que bon-ne ac-ti-on, fai-tes dé-vo-te-ment le si-gne de la sain-te Croix, a-vec in-ten-ti-on de fai-re, au nom de Di-eu et pour sa gloi-re, ce que vous al-lez fai-re.

8. Quand vous par-lez a-vec des per-son-nes res-pec-ta-bles, ré-pon-dez hon-nê-te-ment, a-vec po-li-tes-se : *Oui, Mon-si-eur, ou Ma-da-me. Non, Mon-si-eur,*

etc., se-lon qu'on vous in-ter-ro-ge-ra.

9. Si ceux qui ont pou-voir sur vous, vous com-man-dent quel-que cho-se qui soit hon-nê-te, et que vous puis-si-ez fai-re, o-bé-is-sez-leur vo-lon-ti-ers et promp-te-ment.

10. Si l'on vous com-man-dait de di-re quel-ques pa-ro-les, ou de fai-re quel-que ac-ti-on mau-vai-se, ré-pon-dez que vous ne le pou-vez point fai-re, d'au-tant que ce-la dé-plaît à Di-eu.

11. Quand vous vou-drez dî-ner ou sou-per, la-vez-vous pre-mi-è-re-ment les mains, puis di-tes le *Be-ne-di-ci-te* a-vec pi-é-té et mo-des-tie.

12. Lors-que vous vou-drez boi-re, pro-non-cez tout bas le saint nom de Jé-sus.

13. Tou-tes les fois que vous nom-me-rez, ou en-ten-drez nom-mer JÉ-SUS. ou MA-RIE, vous fe-rez u-ne pe-ti-te in-cli-na-ti-on.

14. Gar-dez-vous bi-en,

à ta-ble ou ail-leurs, de de-man-der ou de pren-dre et de sous-trai-re en ca-chet-te, ou au-tre-ment, ce qu'on au-ra don-né à man-ger aux au-tres, et mê-me vous ne le de-vez pas re-gar-der a-vec en-vie.

15. Quand on vous don-ne-ra quel-que cho-se, re-mer-ci-ez hon-nê-te-ment ce-lui ou cel-le qui vous l'au-ra don-née.

16. Ne vous as-sey-ez point à ta-ble si l'on ne vous le com-man-de,

17. Mangez et buvez doucement et honnêtement, sans avidité et sans excès.

18. A la fin de chaque repas, dites dévotement les grâces, et après, lavez-vous encore les mains.

19. Ne sortez point de la maison sans demander et sans obtenir congé.

20. N'allez point avec les enfans vicieux et méchans; car ils peuvent vous nuire pour le corps et pour l'âme.

21. Quand vous a-vez em-prun-té quel-que cho-se, ren-dez-le de bon-ne-heu-re et n'at-ten-dez pas qu'on vous le de-man-de.

22. Lors-que vous au-rez à par-ler à quel-que per-son-ne res-pec-ta-ble qui se ra oc-cu-pée, pré-sen-tez-vous mo-des-te-ment, at-ten-dant qu'el-le ait le loi-sir de vous par-ler, et qu'el-le vous de-man-de ce que vous lui vou-lez.

23. Si quel-qu'un vous re-prend, ou vous don-ne

quel-que a-ver-tis-se-ment, re-mer-ci-ez-le.

24. Ne tu-toy-ez per-son-ne, non pas mê-me les ser-vi-teurs et ser-van-tes, ni les pau-vres aus-si.

25. Al-lez au-de-vant de ceux qui en-trent chez vous, soit do-mes-ti-que, soit é-tran-gers, pour les sa-lu-er et les re-ce-voir.

26. Si quel-qu'un de ceux de la mai-son, ou au-tre, dit ou fait quel-que cho-se de dés-hon-nê-te, ou in-di-gne d'un Chré-ti-en, en vo-tre

pré-sen-ce, re-pre-nez-le a-vec dou-ceur.

27. Quand les pau-vres de-man-dent à vo-tre por-te, pri-ez vo-tre Pè-re ou vo-tre Mè-re, ou ceux chez qui vous de-meu-rez, de leur fai-re l'au-mô-ne pour l'a-mour de Di-eu.

28. Le soir a-vant que de vous al-ler cou-cher, a-près a-voir sou-hai-té le bon soir à vos Pè-re et Mè-re ou au-tres, met-tez vous à ge-noux au-près de vo-tre lit, ou de-vant quel-qu'I-ma-ge, et di-

tes les pri-è-res mar-qué-es dans les De-voirs des fa-milles chré-ti-en-nes. A-près, pre-nez de l'eau bé-ni-te, et fai-tes le si-gne de la sain-te Croix.

29. Le ma-tin, en vous le-vant, fai-tes le si-gne de la sain-te Croix, et, é-tant ha-bil-lé, met-tez-vous à ge-noux, et di-tes les priè-res mar-qué-es en la pa-ge 31. A-près, al-lez sou-hai-ter le bon-jour à vos pè-re et mè-re, et au-tres de la maison.

30. Tous les jours, si

vous le pou-vez, en-ten-dez la sain-te Mes-se dé-vo-te-ment et à ge-noux; et le-vez-vous quand le Prê-tre dit l'Evangile.

31. Quand vous en-ten-drez son-ner l'*A-ve Ma-ri-a*, ré-ci-tez dé-vo-te-ment l'*An-ge-lus*.

32. Soy-ez tou-jours prêt à al-ler vo-lon-tiers à l'E-cole, et ap-pre-nez soi-gneu-se-ment les cho-ses que vos Maî-tres vous en-sei-gnent: soyez-leur bien o-bé-is-sant et res-pec-tu-eux.

33. Gardez-vous bi-en de men-tir en quel-que ma-niè-re que ce soit, car les men-teurs sont les En-fans du dé-mon qui est le pè-re du men-son-ge.

34. Sur-tout, gar-dez-vous de dé-ro-ber au-cu-ne cho-se ni chez vous, ni ail-leurs; par-ce que c'est of-fen-ser Dieu, c'est se ren-dre o-di-eux à cha-cun, et pren-dre le che-min d'u-ne mort in-fâ-me.

35. Pré-sen-tez-vous vo-lon-ti-ers et sou-vent à la

Con-fes-si-on et à la Com-mu-ni-on, y é-tant bi-en pré-pa-ré, a-fin que vous de-ve-ni-ez à tou-te heu-re plus dé-vot et plus sa-ge, fuy-ant le pé-ché et ac-qué-rant les ver-tus.

36. En-fin tous vos prin-ci-paux soins et dé-sirs, tan-dis que vous vi-vez en ce mon-de, doi-vent vi-ser à vous ren-dre a-gré-a-ble à Di-eu, et à ne le point of-fen-ser, a-fin qu'a-près cet-te vie mor-tel-le vous puis-si-ez é-vi-ter l'En-fer, et pos-

sé-der la gloi-re du Pa-ra-dis. Ain-si soit-il.

✳✳✳✳✳✳✳✳✳✳✳✳✳✳✳✳✳✳✳✳✳✳

DIEU donne ses saintes Bénédictions aux Enfans qui sont soumis et respectueux envers leurs Père et Mère.

*H*ONORE *ton Père et ta Mère, afin que tu vives long-temps sur la terre.*

Cettte première bénédiction donne l'espérance d'une longue et heureuse vie.

Celui qui honore son

père et sa mère sera joyeux et content en ses enfans, il sera exaucé au temps de son oraison.

Cette bénédiction promet l'allégresse et le contentement que l'on reçoit des Enfans, dont nous avons l'exemple en Joseph, fils de Jacob, qui, pour avoir été obéissant à son Père, et pour l'honneur qu'il lui avait rendu, reçut des joies et des contentemens très-grands de ses propres Enfans, lesquels furent aussi bénis de Jacob, leur grand-père, en la présence de Joseph, leur père.

Celui qui honore son Père et sa Mère s'amasse un trésor au ciel et sur la terre.

Cette bénédiction regarde les biens spirituels et temporels que Dieu donne aux bons Enfans, dont Salomon nous servira d'exemples, lequel porta toujours beaucoup d'honneur à son Père et à sa Mère : c'est pourquoi il vécut très-heureux et très-riche, sur un trône florissant;

comme Absalon, son frère, pour avoir désobéi et maltraité son Père, fut percé de trois dards, et tué par Joab, général de l'armée de David.

Celui qui honore son Père et sa Mère sera rempli des grâces célestes jusqu'à la fin.

Cette bénédiction concerne les biens spirituels, de laquelle nous avons un merveilleux exemple en Jacob, fils d'Isaac, qui, ayant été béni de son père, fut élu de

Dieu et très-agréable à sa divine majesté, et rempli de toutes sortes de grâces. Au contraire, son frère Esaü fut malheureux et réprouvé.

Honore ton père, et ta mère, afin que la bénédiction du Ciel descende sur toi, et que tu sois béni.

Dieu donne particulièrement cette bénédiction aux Enfans obéissans.

Mais qu'est-ce autre chose, être béni de Dieu, sinon recevoir de lui sa sainte grâce, par le moyen de laquelle nous lui agréons comme ses Enfans.

Les malédictions que Dieu fulmine sur les Enfans qui ne portent ni honneur, ni obéissance à leurs Père et Mère.

Que celui qui maudira son Père ou sa Mère, meure de mauvaise mort, et que son sang soit sur lui.

Cette malédiction est confirmée par la bouche de Dieu. Auquel lieu, Dieu commande que, si quelque père est si malheureux d'engendrer un fils désobéissant, rebelle et pervers, que tout le Peuple de la ville massacre à coups de pierres ce méchant Enfant et le fasse mourir.

A ces paroles : *Maudit soit celui qui n'honore pas son père et sa mère!* le Peuple répondit : *Amen.*

✝ *Au nom du Père, et du Fils, et du Saint-Esprit. Ainsi soit-il.*

L'ORAISON DOMINICALE.

Notre Père, qui êtes aux Cieux, que votre Nom soit sanctifié, que votre règne arrive, que votre volonté soit faite en la Terre comme au Ciel ; donnez-nous aujourd'hui notre pain de chaque jour, pardonnez-nous nos offenses comme nous les pardonnons à ceux qui nous ont offensés ; et ne nous laissez point succomber en la tentation, mais délivrez-nous du mal. Ainsi soit-il.

LA SALUTATION ANGÉLIQUE.

Je vous salue, Marie, pleine de grâce, le Seigneur est avec vous, vous êtes bénie entre toutes les femmes, et Jésus, le fruit de vos entrailles, est béni.

Sainte Marie, mère de Dieu, priez pour nous, pauvres pécheurs, maintenant et à l'heure de notre mort. Ainsi soit-il.

LA PROFESSION DE FOI.

Je crois en Dieu, le Père tout-puissant, créateur du Ciel et de la Terre, et en Jésus-Christ son Fils unique, notre Seigneur; qui a été conçu du Saint-Esprit, et né de la vierge Marie, a souffert sous Ponce-Pilate, a été crucifié, est mort, a été enseveli; est descendu aux Enfers; le troisième jour est ressuscité des morts; est monté aux Cieux est assis à la droite de Dieu, le Père tout-puissant, d'où il viendra juger les vivans et les morts.

Je crois au Saint-Esprit, la sainte Eglise catholique, la communion des Saints, la rémission des péchés, la résurrection de la chair, la vie éternelle. Ainsi soit-il.

LA CONFESSION DES PÉCHÉS.

Je me confesse à Dieu tout-puissant, à la bienheureuse Marie toujours vierge, à saint Michel archange, à saint Jean-Baptiste, aux apôtres saint Pierre et saint Paul, à tous les Saints, et à vous, mon Père, que j'ai beaucoup péché, par pensées, par paroles, par actions et omissions; c'est ma faute, c'est ma faute, c'est ma très-grande faute. C'est pourquoi je supplie la bienheureuse Marie toujours vierge, saint Michel archange, saint Jean-Baptiste, les apôtres saint Pierre et saint Paul, tous les Saints, et vous mon Père, de prier pour moi le Seigneur notre Dieu.

Que Dieu tout puissant nous fasse miséricorde, et que nous ayant pardonné nos péchés, il nous conduise à la vie éternelle. Ainsi soit-il

PRIÉRE A LA TRÈS-SAINTE VIERGE.

Souvenez-vous, ô très pieuse Vierge Marie ! qu'on n'a jamais ouï dire qu'aucun ait été délaissé de tous ceux qui ont eu recours à votre protection, imploré votre secours et demandé vos suffrages. Animé de cette confiance, ô Vierge, Mère des Vierges ! je cours et je viens à vous, et, gémissant sous le poids de mes péchés, je me prosterne à vos pieds. O Mère de Jésus, mon Sauveur, ne méprisez pas mes prières, mais écoutez-les favorablement, et faites que Dieu m'exauce et me pardonne mes fautes par votre intercession. Ainsi s.

ORAISON A JÉSUS.

Ame de Jésus, sanctifiez-moi. Corps de Jésus sauvez-moi. Sang de Jésus, lavez-moi ; cachez-moi dans vos sacrées plaies. Ne permettez pas que je sois jamais séparé de vous. Défendez-moi de mon ennemi. Appelez-moi à l'heure de ma mort, et me commandez de venir à vous, afin que je vous loue avec vos Saints, dans tous les siècles des siècles. Ainsi soit-il.

PRIÈRE A SON PATRON.

J'AI recours à vous, ô grand Saint! que l'Eglise m'a donné pour patron, et qu'elle m'ordonne de regarder comme mon protecteur. Je m'adresse à vous avec confiance. Je désire être votre imitateur, je veux me conduire suivant les exemples que vous m'avez donnés. Obtenez-moi, ô mon Patron! la grace de remplir tous les engagemens de mon Baptême, de vivre en parfait Chrétien, de me préparer à la mort; et de ne jamais rien faire qui déshonore un nom qui ne me vient que de vous, et qui est déjà écrit dans le Ciel. Ainsi soit-il.

PRIÈRE POUR DEMANDER LA CHARITÉ CHRÉTIENNE.

Mon Seigneur Jésus-Christ, qui ne nous avez rien tant recommandé que d'aimer notre prochain, donnez-moi votre amour, afin que je vous aime de tout mon cœur; que j'aime mon prochain comme moi-même, et que je me réjouisse de son bonheur; que je prenne part à son malheur, et que je sois toujours disposé à l'assister dans ses besoins, pour l'amour de vous. Ainsi soit-il.

BENOIT XIII, en 1729, a accordé cent ans d'Indulgence toutes les fois qu'on récitera dévotement la Prière suivante :

BENIE soit la très-pure, très-sainte et très-immaculée Conception de la glorieuse vierge Marie, mère de Dieu, à jamais. Ainsi soit-il.

FIN.

DIJON, IMPRIMERIE DE NOELLAT.

www.ingramcontent.com/pod-product-compliance
Lightning Source LLC
Chambersburg PA
CBHW060725050426
42451CB00010B/1626